L'AVENIR

DE LA FRANCE

PAR

E. PAUL

Traduit de l'allemand et augmenté d'une postface par ***

PARIS

H. WELTER, ÉDITEUR

59, RUE BONAPARTE, 59

1886

L'AVENIR
DE LA FRANCE

PARIS. — IMPRIMERIE E. CAPIOMONT ET V. RENAULT

6, RUE DES POITEVINS, 6

L'AVENIR

DE LA FRANCE

PAR

E. PAUL

Traduit de l'allemand et augmenté d'une postface par ***

PARIS

H. WELTER, ÉDITEUR

59, RUE BONAPARTE, 59

—

1886

L'AVENIR
DE LA FRANCE

INTRODUCTION

Quiconque traite les Français de nation légère n'aurait jamais eu plus le droit de le faire qu'à l'heure actuelle où ils courent insoucieusement à un précipice qui menace de tous les engloutir. Les périls s'amassent de jour en jour, la catastrophe approche toujours davantage, mais bien peu pressentent le sort qui attend leur patrie, et le combattent de toutes leurs forces. La grande masse ne s'en occupe pas, soit qu'elle ne comprenne pas la vraie situation, soit — ce qui est encore pis — que dans une folle présomption elle ne veuille pas la comprendre. Elle laisse aller les choses et court aveuglément à la ruine.

Cependant on s'amuse après comme avant. Paris — et c'est la France — a d'ailleurs assez de questions intéressantes, pourquoi s'en imposer une qui n'appartient nullement aux questions agréables. Plus la circonstance est sérieuse, plus on préfère la passer sous silence, et tandis que les événements piquants du grand monde, les affaires d'amour et les anecdotes du boulevard occupent les esprits et sont dans toutes les bouches, on ne fait qu'indiquer en passant de plus importantes questions. La découverte de M. Pasteur fait le moindre bruit d'entre toutes les nouvelles qui occupent les salons parisiens, et quant à la question du budget, une des plus sérieuses pour le peuple français, on essaye de faire le silence autour d'elle, ou du moins de l'empêcher le plus longtemps possible d'être discutée à fond.

Le monde français pivote autour d'autres questions. La *Chronique scandaleuse* fait entrevoir la perspective d'une mésalliance, — celle-ci aura-t-elle lieu et M. le vicomte N... épousera-t-il l'actrice une telle ou bien l'affaire sera-t-elle rompue? Une querelle a éclaté entre comédiens — le groupe Coquelin réussira-t-il à éloigner mademoiselle Dudlay du Théâtre-Français? La presse entière et les classes les plus diverses de la société s'occupent pendant des semaines de cette question. Quelques littérateurs ou artistes se querellent, — la question est trop insignifiante, on serait tenté de dire trop vulgaire, pour mériter l'attention, — mais la société française prend feu pour de telles questions. Inutile de dire qu'elle n'est pas pauvre en *pareilles* questions.

Malheureusement nous ne pouvons pas aujourd'hui nous occuper de sujets aussi légers, nous avons bien au contraire à entretenir le public d'une question fort grave: l'avenir de la nation française. De même que Talleyrand appelait l'expédition de Russie le commencement de la fin de la domination napoléonienne d'alors, de même on peut dire de la dernière guerre franco-allemande qu'elle a donné le coup de mort à la dynastie même des Bonaparte. Et mieux encore — les événements des années 1870 et 1871 sont aussi le commencement de la fin de toute la nation française. Son sort, depuis cette époque, ne montre que trop clairement son dépérissement lent, mais continu.

Les vertus chevaleresques, qui distinguaient les Français d'autrefois, sont descendues, les unes après les autres, dans la tombe. La noblesse du sentiment a fait place à un misérable chauvinisme, à une tendance haineuse contre l'étranger, et à une soif envieuse, irréfléchie, de conquêtes dans des continents étrangers, laquelle, d'ailleurs, est en opposition avec les vrais intérêts du pays. Que sont devenues les vues élevées qui guidaient jadis les Français, la force et l'énergie dont ils disposaient autrefois ! Une soif énervante de jouissances, un égoïsme sans bornes a pris leur place, les intrigues les plus vulgaires se font jour, et tout sentiment noble est foulé aux pieds, souillé et honni, grâce au manque de culture de l'esprit et du caractère, qui apparaît non seulement dans les classes inférieures, mais aussi toujours plus clairement dans les classes soi-disant *éclairées*, et aussi grâce à une presse déchue qui s'empresse d'activer les progrès de la décomposition qui s'est emparée de la société française. On ne peut que se détourner avec dégoût de l'image de cette grande ville qui s'imagine marcher à la tête de la civilisation et qui veut améliorer le reste du monde, alors que pourtant elle-même abonde en abîmes de dépravation et que le mensonge y domine. Et là où le penchant à la jouissance matérielle l'emporte sur toute autre chose, où la débauche et l'effémination se remarquent de tous côtés, où les vertus viriles du courage, de la force et de la résolution s'éteignent, là il ne s'agit plus seulement d'un recul moral, non ; un tel peuple dégénère aussi physiquement, car seules les forces corporelle et intellectuelle, aussi florissantes que possible et agissant d'accord, représentent le véritable progrès. En ce sens, on ne peut vraiment pas parler d'un progrès de la nation française, à laquelle ces aptitudes font complètement défaut, et qui non seulement ne s'efforce pas de les développer, mais fait au contraire son possible pour les détruire.

La Chambre des Députés, en reniant tous les droits de la propriété en faveur des anarchistes radicaux, a offert un triste spectacle d'indécision et de manque d'énergie lors des événements révolutionnaires de Décazeville. Elle était si consternée, qu'elle s'est montrée incapable de tout calme examen, et le résultat d'une discussion de trois jours fut la résolution de recommander au gouvernement une réforme des lois concernant les mines et la protection des ouvriers. Il ne fut pas le moins du monde question du malheureux propriétaire. Nous n'appartenons certainement pas à ceux qui voudraient étendre indéfiniment la puissance de l'argent sans égard au bien-être des classes ouvrières, mais le sentiment du droit exigeait sans conteste la protection des lésés, et non celle des ouvriers révoltés, auxquels sans doute on peut venir en aide par de sages mesures, mais qu'on ne doit pas soutenir dans leurs attaques contre l'état et l'ordre des choses existant. Il est ridicule de vouloir détruire l'édifice social en vigueur, pour reconstruire avec les ruines un nouveau monde, alors qu'on n'a pas même encore reconnu les lois naturelles auxquelles tout est soumis, et sur lesquelles l'État lui aussi doit se régler s'il ne veut pas éprouver de dommage. Ainsi que le montre notre époque, la plupart des états souffrent de certains phénomènes sociaux qu'on doit sûrement attribuer à un développement naturel, en quelque sorte exclusif, et l'exclusivisme est un trait caractéristique de l'humanité moderne. La plupart des gouvernements, et avant tout autre le gouvernement allemand, font leur possible pour étudier et faire disparaître ces inconvénients, et il est à désirer qu'on trouve bientôt le médecin qui puisse guérir les maladies de l'État. Il en est de l'économie politique comme de mainte autre science : l'observation a devancé la science, la théorie, et celle-ci est demeurée stationnaire. On aurait finalement le droit de douter du caractère scientifique de l'économie politique actuelle, et de fait on peut lui faire le reproche qu'elle s'est trop éloignée des sciences naturelles dont elle dépend incontestablement, et dans lesquelles elle devrait chercher son salut. Il est parfaitement vrai, les observations se sont imposées si promptement et en si grande quantité à l'économiste que sa vue en a été troublée. Lui aussi a été peu à peu détourné de la nature par le courant de l'époque, et une fois la bonne voie abandonnée, il était impossible de prévoir dans quel labyrinthe on irait se perdre. On savait que, parallèlement à l'accroissement de la force productrice, on devait avoir un accroissement correspondant de la consommation. Cependant on ne réussit pas à développer harmoniquement les deux courants. L'exclusivisme apparut toujours plus clairement. Il est certain que dans l'économie politique aussi règnent des lois naturelles, et le devoir de la vraie science est de les étudier, d'en approfondir le système, et la science qui ne fait pas cela est une science morte, elle est étouffée précisément par ceux dont elle avait le devoir de sauvegarder la vie et la prospérité. Pendant assez longtemps on a péché de ce côté, et les économistes, lorsqu'ils avaient à expliquer ce qu'ils ne pouvaient pas expliquer, appelaient à leur secours des sophismes, qui ne leur manquaient jamais. Actuellement enfin on remarque la tendance de ramener l'économie politique à des principes naturels, et de cette façon on a pris le bon chemin pour arriver à la solution de la question sociale. Mais jamais il n'est permis de chercher le salut de l'humanité dans un bouleversement absolu de l'ordre établi. Ce serait un beau monde, celui qui serait créé par ceux qui ne se rendent pas même compte de l'édifice actuel. Il est plus facile de détruire que de construire à nouveau, ce que personne, je présume, ne mettra en doute, et moins que tout autre celui qui connaît la grande masse ignorante de nos jours, dont toute la science se résume en quelques locutions et beaucoup de scandale. Et si l'homme ne retrouve la santé que parce que peu à peu les millions de cellules et de fibres de l'organisme entier accomplissent exactement leur fonction, il en est de même du corps social. C'est pourquoi, on ne saurait trop le répéter : son vrai avenir ne réside que dans une évolution lente mais énergique des inconvénients existants et non dans une brusque révolution.

Cette réforme, nous l'exigeons et l'attendons du pouvoir, et non du peuple induit en erreur, lequel par la catastrophe qu'il provoque nuit non seulement à ses prétendus adversaires, mais à lui-même, absolument comme le fait le malade qui veut obtenir sa guérison au moyen d'une expérience violente et qui, en définitive, aggrave le mal dont il souffre ou provoque même sa propre mort. Un médecin sage et énergique peut y apporter remède, et c'est précisément ce qui a manqué aux Français à l'époque contemporaine, ce qui naturellement n'a fait que seconder le développement de leur maladie.

Au fond on ne peut pas parler d'une seule maladie, puisque, en réalité, il s'agit de toute une série de plaies, qui toutes ensemble concourent à la ruine de la nation. Parlons d'abord de celle qui démontre le plus énergiquement le recul de nos voisins de l'occident. Nous voulons dire le décroissement de la population.

CHAPITRE PREMIER

A la fin du seizième siècle, alors que l'Espagne avait déjà épuisé ses forces, il n'y avait en Europe que trois États puissants. C'était la France, puis l'Angleterre, et enfin l'Empire allemand, que se partageaient une foule de monarques, dont le plus puissant, le monarque autrichien, ne régnait pas sur plus de 12 ou 13 millions de sujets. Les trois grandes puissances comptaient ensemble 50 millions d'habitants. La France se trouvait à la tète avec près de 20 millions, puis venaient l'Angleterre avec un peu plus de 8 millions, et les États allemands avec le reste. La France était donc alors, sinon la monarchie la plus étendue, du moins la plus peuplée d'Europe : sa population comptait environ pour les 39 pour 100 de l'ensemble. Ce chiffre montre assez clairement de quel poids pesait la volonté de Louis XIV, car il représente l'importance économique et surtout militaire dans son rapport avec celle des États voisins. On peut appeler ce roi, qui empocha les avantages de la politique qui avait amené la paix de Westphalie, le plus puissant monarque de son temps. Malheureusement, nous n'avons pas les indications précises qui nous permettraient de remonter jusqu'à cette époque, ce qui serait d'un grand intérèt pour le développement qui nous occupe.

La politique orgueilleuse et maladroite de Louis XIV devait bientôt anéantir le résultat obtenu, et il laissa après lui un peuple pauvre et un pays délabré. La politique encore plus triste de son successeur n'était pas non plus de nature à réparer ce qu'il avait gâté. Louis XV fit perdre à la France sa gloire militaire et ruina ses finances. Mais la folie des gouvernants n'était pas la seule cause de l'affaiblissement du pays français. En 1789, la France comprenait un territoire plus important que sous Louis XIV et une population de 26 millions, soit 6 millions de plus qu'en 1698. Cette augmentation était due en partie à l'annexion de la Lorraine et de la Corse, mais avant tout à l'accroissement même de la population. Les autres nations néanmoins augmentaient encore plus rapidement, quelques-unes par des annexions plus importantes que celles de la France, et d'autres parce que le nombre des naissances y était déjà plus considérable qu'en France. Finalement, ce fut la Russie qui prit la tête des nations européennes. Le tableau suivant montre comment les conditions ont changé au détriment de la France. La population des grandes puissances se répartit en 1789 entre :

France.	avec	26 millions.
Angleterre. . . .	»	13 »
Russie.	»	28 »
Empire allemand.	»	28 »

La part de la France était ainsi tombée à 26 pour 100. Néanmoins son influence était encore considérable dans le concert européen. Mais cela devint encore pire. Gouverné longtemps par des jupons, le pays reçut enfin un souverain qui, s'il avait fait un bon usage de son énergie et de son savoir, aurait pu lui porter bonheur. Au contraire, il lui fut nuisible. « Un homme tel que moi ne se soucie pas de la vie d'un million d'hommes, » dit-il une fois. De quoi s'occupait-il donc? De lui-même, de sa toute-puissance et des conséquences qui en résulteraient. Eh bien, l'on voit quelles conséquences elle a eues, et plus son temps s'éloigne de nous, plus aussi se font sentir les dommages qu'il a causés aux Français.

Lorsqu'en 1815 le destin de Napoléon se décida, la population de la France se chiffrait par 29 1/2 millions, tandis que celle des autres grandes puissances européennes se montait à 110 millions — et les Français ne comptaient plus que pour 20 pour 100 dans le total. Qu'on se souvienne que leur part sous Louis XIV était de 39 pour 100. La diplomatie française dut avoir égard à ce changement.

Le mal n'a fait depuis que se développer, bien que les causes en fussent un peu différentes et que la direction politique du pays ne fût plus tout à fait aussi triste que sous les gouvernements antérieurs.

La population n'augmente que d'une façon misérable, tandis que les voisins augmentent considérablement, accroissent leur territoire, peuplent les continents et répandent leur commerce, leur langue et leurs vaisseaux sur toute la surface du globe. Ce sont avant tout les Allemands qui ont ainsi dépassé les Français, dont la population jadis supérieure à la nôtre lui est à l'heure actuelle bien inférieure. Et que ce soit précisément nous qui progressons, c'est ce qui les afflige le plus.

La population des grandes puissances comptait en 1880 environ 260 millions, à savoir :

France.	37,2 millions.
Grande-Bretagne. . .	34,8 »
Autriche.	37 »
Allemagne.	45 »
Russie d'Europe . . .	81,1 »
Italie.	27,8 »

La part de la France n'est donc plus que de 14 pour 100, contre 39 pour 100 il y a deux cents ans à peine.

D'ailleurs, nous n'avons compris dans les chiffres ci-dessus que les Anglais qui habitent l'Angleterre, bien que ceux des colonies puissent tout aussi bien être ajoutés à la mère patrie et ne contribuent pas moins à sa puissance. Et un nouveau danger est apparu à l'horizon politique. L'empire des Yankees, qui s'est promptement développé, et qui, lui aussi, n'est pas compris dans notre calcul. Sans aucun doute, c'est là un État créé aux dépens de l'Europe; déjà il est devenu fort dangereux pour le commerce, l'industrie, et l'agriculture de notre continent, et qui nous garantit qu'un jour il n'en vienne pas également à se mêler de la politique européenne ?

Certainement la position de la France devient de jour en jour plus minime au sein du monde civilisé, et des causes politiques y sont pour beaucoup. Mais la statistique nous apprend que l'accroissement incroyablement lent de la population contribue au premier chef à l'affaiblissement relatif de l'État français. Il est intéressant de le comparer à la nation anglaise, laquelle, abstraction faite de tout agrandissement de territoire, est montée, de 1700 à aujourd'hui, de 8 à 36 millions, sans parler des nombreux émigrants dont elle inonde l'Amérique du Nord, l'Australie, le Cap et d'autres de ses colonies. — Qu'on compare à cette race productive la race française qui, dans le même laps de temps et en dépit de l'annexion de cinq provinces, n'est pas même parvenue à doubler.

Le mal est continu et augmente journellement. Jamais l'accroissement du peuple français n'a été moindre qu'à l'heure actuelle. Tandis que l'augmentation annuelle pour 1000 habitants est en Prusse de 9 à 10, en Autriche de

8, et en Saxe même de 16, elle n'est en France en moyenne que de 3,5.

Sans doute l'accroissement rapide d'une nation n'est pas toujours nécessaire à sa prospérité ; l'État comme l'individu peuvent se sentir très heureux avec une augmentation minime, mais c'est là un élément de la puissance politique de la nation, un élément de force militaire et, par là, d'indépendance relative vis à vis de l'étranger, et mieux encore : c'est là un élément de puissance économique. La France agit vraiment comme si elle pouvait disposer d'un excédent de forces, ainsi que le montre sa conduite impétueuse et irréfléchie à l'étranger, qui lui coûte des milliers et des milliers de jeunes vies, et qui fait plus de mal que de bien au pays, ainsi que nous avons l'intention de le montrer plus loin en détail. La France est loin d'avoir un excédent d'hommes, et si les conditions étaient normales, le manque déjà reconnu de travailleurs pour l'agriculture et l'industrie se ferait sentir bien plus impérieusement encore. Les Français ne sont-ils pas obligés de faire venir à grands frais des ouvriers belges et piémontais, pour que ceux-ci labourent leurs champs et leur construisent des routes ! L'émigration des campagnards dans les villes est, aux yeux d'une grande partie de la classe propriétaire, la cause du mal. Mais cette opinion est mal fondée. Dans tous les pays de l'Europe, la population des villes croît plus que celle des campagnes, sans qu'on émette à ce sujet des plaintes sérieuses. Si en France l'agriculture et l'industrie manquent de bras, cela provient simplement du nombre insuffisant de naissances dans le pays, et d'autre part de l'énorme dépense d'hommes dans les colonies. Ces deux plaies contribuent à détruire nos voisins le plus promptement possible.

L'accroissement de la population a son importance aussi

au point de vue intellectuel. Qu'on pense à l'époque où la langue française dominait en maître incontesté le monde civilisé et était parlée par plus de la moitié de la population intelligente de notre continent ! Actuellement d'autres langues ont, elles aussi, commencé à se répandre ; la langue allemande compte déjà près de 100 millions d'âmes qui la comprennent, et il y en a pour le moins autant qui se sont approprié l'idiome anglais. Combien ces chiffres ne seront-ils pas plus immenses dans cent ans, à supposer qu'ils continuent à augmenter comme ils l'ont fait jusqu'ici. Naturellement aux dépens de la langue de Voltaire, qui est encore aujourd'hui comprise par 46 millions d'individus (Français, Belges, Suisses, Canadiens et Créoles). Nous faisons ici abstraction des non-Français qui apprennent la langue française par caprice ou dans un but pratique, mais dont le nombre décroît chaque jour vis-à-vis de ceux qui, pour les mêmes motifs, se portent vers l'allemand et l'anglais, dans la même mesure où les nations allemande et anglaise s'étendent et augmentent au désavantage de la France. Les Anglais sont parvenus à faire apprendre leur idiome aux indigènes de leurs colonies, ainsi aux noirs de l'Afrique méridionale, aux Hindous, et en partie aussi aux Arabes, ce qui, en revanche, n'a pas réussi aux Français pour leur langue dans leurs propres colonies. Les habitants de la Cochinchine sont encore fort réservés vis à vis de la langue de leurs vainqueurs, et l'on peut dire la même chose des habitants de la Sénégambie et de l'Algérie.

Si nous parlions tout à l'heure du nombre insuffisant des naissances comme d'un mal qui contribue pour beaucoup au recul de la nation française, nous devons ajouter que la faute n'en est nullement au manque des mariages. On conclut assez de mariages, mais on ne met pas assez d'enfants au monde.

Sur 1 000 femmes de 15 à 50 ans, on compte annuellement :

en Bavière .... 158 naissances d'enfants vivants.
  Prusse..... 151 — —
  Hollande.. 138 — —
  Angleterre 138 — —
  Belgique .. 128 — —
  France .... 102 — —

Même l'Irlande l'emporte sous ce rapport sur la France, de sorte que cette dernière le cède à tous les États de l'Europe pour la fertilité de la population.

Si l'on répartit la somme indiquée sur les différentes parties du pays, l'on obtient un tableau encore plus défavorable, car, abstraction faite du Nord où le chiffre des naissances est encore fort respectable, et de la Bretagne, de l'Alsace et de quelques autres districts, où l'accroissement de la population peut, jusqu'à un certain point, être considéré comme suffisant, il y a des départements où les décès l'emportent souvent sur les naissances. On en trouve de tels dans le bassin de la Garonne, dont le chiffre annuel des naissances est de 72 à 80 pour 1 000, et dans la Normandie où ce rapport est de 74 à 90. L'excédent des décès sur les naissances atteignait en 1870 : 10,9 pour 100 des derniers, soit 103 000 individus, et en 1871 même 53,8 pour 100 = 444 889 âmes. Ici, il est vrai, on ne peut pas méconnaître les conséquences de la guerre.

La moyenne des naissances est en Allemagne de 4,07 pour 100, soit 40 700 par million, et en France seulement de 2,55 pour 100, soit 25 500 par million. En poursuivant la comparaison, on peut calculer combien d'enfants la France devrait produire pour rattraper l'Allemagne. Le résultat serait, pour une population d'environ 38 millions, plus d'un million et demi, au lieu des 960 000 qu'elle produit actuellement.

A l'exemple d'un statisticien français distingué, Bertillon (fils), nous allons nous servir de ces chiffres pour un calcul fort intéressant. Si notre fécondité était aussi faible que celle de nos voisins, nous aurions à élever chaque année 900 000 enfants de moins que les Français. La France est la terre classique de l'épargne, et l'on épargne avec les enfants. Voyons un peu combien l'on épargne sous ce rapport. D'abord il est à remarquer que beaucoup d'enfants meurent en très bas âge, mais nous n'exagérons pas en admettant que 550 000 d'entre eux atteignent l'âge de vingt ans. En estimant à 3 000 marks (3 750 fr.) la somme que coûte un homme depuis sa naissance jusqu'à l'âge de vingt ans, ce qui sans doute est en dessous de la réalité, on obtient par un simple calcul de multiplication la somme de 1 650 millions d'économies par an.

La France ne retire rien de son épargne. Elle prodigue au Grand-Turc, au Khédive et ailleurs des millions dont elle ne revoit plus jamais la trace, et lésine là où elle ne devrait pas lésiner. D'un côté elle prodigue des vies d'hommes, sans prendre soin pour cela de les remplacer. C'est là une faute grave. Il n'en a pas toujours été de même. Moheau nous rapporte qu'au siècle précédent le chiffre des naissances était en France de 40 par 1 000 habitants et égalait à peu de chose près le chiffre constaté actuellement en Allemagne. Mais depuis le commencement de notre siècle la diminution est constante. Sur 1 000 habitants la moyenne des naissances a été en 1801/10 : 32,9 ; 1811/20 : 31,75 ; 1821/30 : 30,6 ; 1831/40 : 28,8 ; 1841/50 : 27,3 ; 1851/60 : 26,8 ; 1860/70 : 26,4, et pour 1870/80 pas même 26.

Si la population française avait continué d'augmenter dans la même proportion qu'au siècle précédent, elle aurait dû au moins égaler celle de l'Allemagne. Mais nous savons qu'actuellement la France ne compte pas même 38 millions d'âmes, tandis que l'Allemagne en a 10 millions de plus.

Et de même que le chiffre des naissances diminue constamment, de même l'accroissement continu du chiffre des décès contribue pour sa part à hâter la ruine de la nation française. Bertillon signale les points noirs suivants :

1° L'accroissement de la mortalité enfantine depuis le règne de Louis-Philippe.

2° La mortalité déplorable des enfants en nourrice (suite de la recherche exagérée du bien-être).

3° La mortalité extraordinaire des enfants dans les départements de la Méditerranée.

4° La mortalité énorme des enfants illégitimes.

Nous ne voulons pas dire par là que la France perde en général plus d'enfants que d'autres pays, mais aussi c'est elle qui peut le moins s'en passer. La proportion actuelle est fort défavorable. Sur 1 000 naissances on compte le nombre suivant de décès survenus dans le courant de la première année : 1840/49 : 160 ; 1850/59 : 172; 1860/69 : 175 ; 1870/79 : 179, et pour 1879/85 : 182.

Il faut noter aussi la mortalité considérable des enfants de 1 à 5 ans dans la zone méditerranéenne qui en sacrifie deux ou trois fois autant que le reste de la France. La mort paraît suivre les vents chauds d'Afrique et étend ses ravages jusqu'en Auvergne et vers l'Isère ; on en voit les effets sans parvenir à en connaître la cause. Ce sera l'affaire des naturalistes d'étudier cette calamité que l'État a un si grand intérêt à faire disparaître.

Le docteur Bertillon (père) a calculé qu'en ramenant ces départements à la mortalité moyenne de la France, on obtiendrait une économie de 15 000 enfants. Tellement sont nombreuses les victimes que la mort, survenant le plus souvent sous la forme d'inflammation du cerveau ou des entrailles, enlève sur les bords de la Méditerranée.

La mortalité des jeunes gens de 20 à 25 ans est considérable aussi. Elle est plus forte en France que dans n'importe quel autre pays de l'Europe, et est sensible dans presque tous les départements, ce qui fait supposer une cause générale, propre à la nation entière. Par malheur nous ne possédons pas d'indication sur les maladies qui entraînent la mort à cet âge-là. C'est sans doute la phtisie qui prédomine. Le service militaire lui aussi paraît y contribuer, ce qui n'est pas fait pour surprendre lorsqu'on réfléchit que la constitution physique des Français est moins forte que celle des Allemands, et que pourtant on impose actuellement les mêmes fatigues aux uns et aux autres. Sans compter que le corps est déjà affaibli par de précoces débauches et les maladies qui en résultent.

La recherche du plaisir et de la commodité, de mesquines considérations, la faiblesse physique produite par une vie débauchée minent la famille et motivent le manque d'enfants. Le peu d'enfants que la nation française consent à mettre au monde succombent pour une bonne part à une mort précoce. La mortalité au sein de la jeunesse augmente de jour en jour — et cependant le nombre de naissances diminue. Que peut-il advenir des Français dans de pareilles conditions ? Eux qui jadis étaient les maîtres de la terre, et qui aujourd'hui encore se croient en pleine possession de leur pouvoir et aspirent à reconquérir leur antique splendeur, vont occuper un jour, à moins d'un changement radical, la même situation que la Grèce actuelle qui n'est plus que la triste ruine d'une puissance passée.

Nous terminons ici notre chapitre de démographie et abordons la question non moins intéressante de la politique coloniale française.

CHAPITRE DEUXIÈME

Les événements de 1870 et 1871 peuvent passer pour le commencement de la fin de la nation française en ce sens qu'ils la jetèrent dans une politique coloniale absurde et ruineuse. Au lieu de tendre par tous les moyens possibles à la régénération physique et morale de leur nation et de faire disparaître tout d'abord les plaies que nous avons mises en lumière dans le chapitre précédent et qui se firent remarquer surtout après la guerre, les Français cherchèrent leur salut au dehors. Ils voulurent se dédommager du coup que leur avaient porté les Allemands par des conquêtes d'outre-mer. Une fausse ambition, qui méconnaissait les vrais intérêts de la patrie, se fit jour, cet antique délire des grandeurs qui bien des fois déjà a eu pour nos voisins de funestes conséquences et qui cette fois aussi ne lui porta pas bonheur. La politique coloniale des dernières années n'a fait que hâter la ruine de la nation, au lieu de la prévenir. Mais le gouvernement n'est pas le seul coupable : la nation entière abondait dans ces idées. Elle était aveuglée, et ce n'est que tout récemment qu'elle paraît un peu tard avoir reconnu son erreur. Déjà l'on a sacrifié beaucoup, beaucoup trop, et néanmoins les Français ne veulent pas donner complètement raison au proverbe qui veut que le malheur rende sage. Ils continuent de pécher. Il est à noter que c'est sous le régime républicain que la politique coloniale a fait fiasco. Si un monarque avait été au pouvoir on l'eût sûrement rendu responsable de ce qui n'était que le résultat de l'aveuglement national. Car c'est la nation qui a voulu cette diversion. Qui eût pu prévoir que l'affaire ne réussirait pas ! Eh bien, un ministre clairvoyant aurait dû en prévoir les conséquences. Mais le destin veut que lorsqu'il s'agit de questions nationales, les Français se laissent toujours emporter par l'ivresse du moment. Qu'ils acceptent donc aussi par-dessus le marché les suites inévitables de toute ivresse.

D'après ce qui a été dit dans notre premier chapitre, on ne peut considérer que comme une impardonnable légèreté de la part des Français le fait de se lancer dans des entreprises coloniales importantes et d'y consacrer des forces dues à leur propre pays. M. Jules Ferry disait dans son discours de Périgueux : « La république sera la république des paysans ou elle ne sera pas, » et en même temps il se montrait le partisan le plus zélé de la politique coloniale. Ces deux choses sont-elles compatibles dans les circonstances actuelles ? Certainement pas, car la France n'a pas trop de paysans, surtout de paysans qui soient disposés à émigrer. Et cependant c'est sur ces derniers qu'il faudrait tout d'abord compter en établissant des colonies, à moins qu'on ne songe uniquement à des colonies militaires, ce qui d'autre part serait en opposition directe avec une république rurale. Qu'est-ce qui pousse donc à la politique coloniale ? C'est uniquement la funeste manie des grandeurs. Pas trace de sentiments élevés ! Des histoires telles que le châtiment des Kroumirs et d'autres faits du même genre sont le plus souvent des prétextes, des contes de nourrice, qui ne peuvent tromper les esprits sensés.

Un moment ! Il y a des exceptions qui témoignent réellement d'un sentiment plus noble, mais elles sont rares et ne font rien à l'affaire.

L'expédition du colonel Flatters, massacré par les Touaregs, n'est pas encore vengée, et nous pourrions mentionner maintes circonstances où un châtiment eût été à sa place. Mais voilà, il n'y avait aucun profit en perspective tel qu'on en espérait au Tonkin et à Tunis, et c'est là, en définitive, le dernier mot de l'affaire.

Nous n'avons pas l'intention de nous perdre en jérémiades sur d'inutiles bombardements et massacres, nous voulons simplement examiner de plus près quel est, en somme, le but de la politique coloniale des Français et quel avantage ils en ont tiré. On a parlé de diffusion de la civilisation et d'ouverture de débouchés commerciaux, mais c'était là un détail — le motif dirigeant reste, ainsi que nous l'avons dit, la manie des grandeurs. Si la France était une république de paysans — pour parler avec M. Ferry — et si comme telle elle possédait un excédent de forces, elle aurait pu le prouver en Algérie. Cependant cette contrée, elle aussi, manque encore de prospérité véritable, puisque les colons lui font défaut. Et pourtant les Français rêvent de « leur mission civilisatrice en Algérie, » par quoi ils entendent uniquement la création d'un empire franco-africain, lequel doit, pour le moment, s'étendre de la Méditerranée au Congo. Cela même ne leur suffit pas, car ils se forgent des utopies pareilles en ce qui concerne d'autres points de notre planète, par exemple pour l'extrême Orient, et en cela ils oublient absolument que la bonne volonté doit être secondée par un pouvoir suffisant. Il est inutile de s'effrayer des plans français, car réduits à leur propre force, nos voisins ne seront jamais en état de les exécuter.

Ils parlent tellement des progrès civilisateurs et écono-

miques de leurs colonies, et cependant l'industrie se plaint
de l'insuffisance des débouchés. Depuis plus d'un demi-
siècle ils sont maîtres de l'Algérie, pour le moment leur
plus grande et plus importante colonie, et néanmoins tous
leurs efforts en vue de la civilisation des indigènes ont
été vains. 2 000 enfants arabes qui ont été à grand'peine
amenés à fréquenter les écoles françaises, voilà tout ce
que les Français ont réussi à atteindre dans leurs efforts
civilisateurs vis-à-vis des fils du désert, et en vérité :
c'est peu de chose. Mais, cela mis à part, ils ont fait
beaucoup pour le pays, et bien que leur administration
ne soit pas précisément exemplaire et que leurs ressources
puissent être considérées comme insuffisantes eu égard à
la grande tâche qu'ils se sont proposée, ils ont néanmoins
ouvert une bonne part de l'Afrique à la civilisation, laquelle
peut dorénavent commencer son œuvre proprement dite.
Le reste de l'Europe doit leur en être reconnaissant. Nous
allons nous occuper un peu plus en détail de la susdite
colonie. L'Algérie, originairement une régence de l'empire
ottoman et le plus guerrier d'entre les états barbaresques,
vrai nid de pirates dont les corsaires infestaient la Méditerranée et qui provoqua l'annexion à la France en 1830,
occupe aujourd'hui un territoire qui égale l'étendue de
l'Allemagne, de la Belgique, de la Hollande et de la Suisse,
sans compter les acquisitions que la France y a faites der-
nièrement à l'ouest et au sud. Les limites en sont soit
naturelles soit politiques. La frontière du côté du Maroc
est une ligne purement conventionnelle, qui traverse la
contrée dans la direction sud-sud-est à partir de l'embou-
chure du petit fleuve Skis et qui a déjà été reculée souvent
par les Français.

Du côté du sud aussi les limites s'étendent constamment
et ont dépassé déjà, ainsi que l'annoncent les dernières

nouvelles, le grand archipel d'oasis de Tuat, soit la moitié du chemin entre Alger et Tombouctou. Car l'on sait que les Français cherchent leur avenir sur les bords du Niger, et qu'ils ne détournent pas le regard de la partie occidentale de ce vaste ensemble d'États qui occupe, sous le nom de Soudan, l'Afrique centrale et que, jusqu'à présent, le grand désert préserve de l'influence européenne. Sans doute il en sera autrement à l'avenir, car le monde actuel ne recule devant aucun obstacle, et le temps pourrait venir où un voyage direct d'Europe ou de la côte méditerranéenne aux états transsahariens ne sera plus extraordinaire et difficile. On sait que les chemins de fer franco-algériens prolongent leurs rails toujours plus loin dans le désert, et l'on vient à leur rencontre de l'Occident, de la Sénégambie. C'est là un des projets favoris des Français, de doter le nord-ouest de l'Afrique d'un chemin de fer saharien et de l'assujettir complètement à la France. Mais on aspire aussi à tout le Soudan, et derrière celui-ci, au centre africain qui recèle encore tant de secrets. Vraiment, nos voisins ne sont pas précisément modérés dans leurs appétits, et s'attribuent bien plus de force qu'ils n'en possèdent. Nous reconnaissons volontiers leur bon vouloir, mais que de fois nous faudra-t-il dire qu'il ne suffit pas à lui seul ! C'est ce que l'Algérie nous montre fort clairement.

Le gouvernement français a creusé des centaines de puits artésiens, a irrigué des plaines immenses s'étendant sur des milliers d'hectares, a créé des phares, des ponts, des canaux, des ports, des villes et des villages, et pourtant tout cela n'est que création artificielle puisque l'essentiel manque au pays : les hommes qui puissent user de ces belles choses. On ne peut pas compter sur les indigènes, qu'on honnit, d'ailleurs, de toute façon, et la France même n'envoie, pour ainsi dire, aucun agriculteur, dont la colonie a avant tout besoin si tant est qu'elle veuille prospérer, mais que la métropole ne peut absolument pas fournir. La première condition d'existence pour une colonie est qu'on y puisse trouver de quoi vivre. C'est absolument le cas de l'Algérie favorisée par le climat et par sa position, et extrèmement riche en trésors végétaux et minéraux, mais il manque l'immigration pour exploiter ces avantages. La population européenne de cette colonie se montait il y a dix ans, d'après des documents officiels, à 353 600 têtes, dont 155 700 Français; aujourd'hui elle n'en compte pas encore tout à fait 500 000 dont un peu plus de 200 000 Français, un quart d'Espagnols, et pour le reste des Allemands, des Italiens et d'autres nationalités. Mais que signifie une augmentation de 150 000 âmes en dix ans pour un pays comme l'Algérie qui, grâce à l'extrème fertilité de son sol, pourrait nourrir cent fois plus d'Européens à côté des quelques millions de Berbères et d'Arabes.

En 1848 l'on disait de l'Algérie ce qu'on dit actuellement de Madagascar. Le *Moniteur* écrivit un jour à propos de la reproduction d'un article dithyrambique du *Courrier français* ce qui suit :

« L'Algérie est destinée à résoudre la question sociale qui agite la France depuis le 24 Février. Terre perdue sous la monarchie, c'est une terre promise pour la république. Les citoyens qui se rendent là-bas, n'ont pour ainsi dire qu'à frapper du pied pour faire sortir du sol, fruits, légumes, vigne, oliviers, mûriers, etc. »

Dans cette espérance, on sacrifia 50 millions de francs de plus et l'on attira des colons. La terre promise ne prospéra pas. L'année suivante, une commission d'enquête visita les 41 établissements créés et prit la décision de ne plus créer à l'avenir de colonie agricole en Algérie.

Les essais de colonisation officielle faites depuis, en

particulier en 1857, puis en 1872 pour les Alsaciens-Lorrains, ne réussirent pas mieux. Le résultat de tous les efforts sont les 200 000 Français de l'Algérie. Mais parmi eux combien y a-t-il de véritables colons? Abstraction faite des fonctionnaires, agents et employés de tout genre, en tant qu'ils sont rétribués par l'État, les départements et les communes, abstraction faite de leurs familles ainsi que du clergé, la somme sus-indiquée se réduit à 170 000. Il faut en outre décompter quelques milliers de personnes pensionnées. Les chemins de fer aussi sont subventionnés et leurs employés plus ou moins payés par l'État. Eux non plus ne sont pas des colons. Ce personnel compte 17 000 individus. Il ne reste donc plus que 150 000.

D'entre ces 150 000 Français, plus de 30 000 sont concessionnaires et ont coûté à l'État plus de 60 millions de francs (donc plus de 2 000 fr. par tète). Dans ces concessionnaires, il y a beaucoup de fournisseurs militaires, d'expéditeurs pour l'armée, etc.

Si l'Algérie ne possédait pas une armée de plus de 50 000 hommes, une grande partie des employés de cafés et de restaurants deviendraient superflus. En faisant encore abstraction du grand nombre de femmes publiques, de mendiants et de vagabonds, nous ne trouverons plus que 120 000 personnes dont on puisse dire qu'elles habitent le pays à leurs frais et vivent du produit de leur travail. Cela ferait environ de 25 à 30 000 familles, et comme l'effectif des troupes algériennes est toujours de 50 000 à 60 000 hommes, il y aurait deux soldats pour chaque colon. Et même en tenant compte des colons d'origine non française, le rapport entre la population militaire et les colons n'en demeure pas moins défavorable.

La population non française, en tant qu'elle provient d'Europe, est d'ailleurs supérieure à la population fran.

çaise. Tout d'abord viennent les Espagnols au nombre de 123 000, les Italiens au nombre de près de 40 000, et les Maltais au nombre de 17 000. C'est à eux que la France est redevable de la majeure partie de ce que l'Algérie fournit en fait de produits agricoles, et non à ses propres ressortissants. Les indigènes eux aussi prospèrent ; leur nombre est de 3 millions contre 2 172 000 en 1872 et 2 416 000 en 1876.

Chacun comprendra d'après ce qui précède, que l'assertion d'après laquelle l'Algérie serait appelée à devenir une colonie de peuplement pour la France n'est pas fondée.

L'Algérie n'offre pas moins de chances que d'autres colonies des tropiques, celles de l'Amérique par exemple, mais elle a besoin d'une immigration active de gens laborieux et capables, qui trouveraient sur le plateau algérien des terrains magnifiques, superbes, et pour le moment encore inoccupés. Cette immigration fait défaut, et l'administration française n'a d'ailleurs que trop souvent usé d'une façon peu pratique des quelques ressources dont elle pouvait disposer, et voulu faire coloniser le pied de l'Atlas sous un climat tropical, alors qu'elle possède sur la montagne assez de terrains fertiles et salubres.

Sans doute, dans le voisinage immédiat des grandes villes on trouve des plantations magnifiques et des champs plantureux, et l'on pourrait écrire de longues dissertations sur les jardins merveilleux de l'Algérie, dans lesquels prospèrent à merveille les plus belles plantes des tropiques, mais si l'on passe du littoral à l'intérieur du pays, on regrette, à la vue du sol superbe, l'absence de l'activité humaine, et ce n'est que de loin en loin qu'un village kabyle rappelle que quelques êtres humains peuplent encore la contrée.

Le pays n'est pas moins riche en trésors minéraux. Les

mines d'Algérie ont de l'avenir. D'après les listes d'importation, on exporte actuellement déjà pour environ 20 millions de francs de minerai par an. Mais ici aussi le manque
de bras est un obstacle capital au développement normal
de cette industrie, et ce manque devient chaque jour plus
frappant en Algérie et dans les autres colonies françaises.

Les progrès que l'Algérie a faits et qui ont eu pour
résultat un commerce total de 500 et quelques millions de
francs, ne sont dans aucun rapport avec ce qui a été
sacrifié pour le pays. Dans la somme indiquée 200 millions représentent la part des autres nations, et à peine
300 millions appartiennent aux Français. Cette somme
elle-même se subdivise en 200 millions d'importations et
100 millions d'exportations. Voilà donc ce que signifie
l'ouverture de nouveaux débouchés pour l'industrie,
200 misérables millions ! Le total des denrées importées
jusqu'ici de France en Algérie ne représenterait pas même
les intérêts des *milliards* que la colonie a engloutis, sans
même parler des milliers d'êtres humains qui y ont trouvé
la mort.

Les Français entretiennent en Algérie 50 000 soldats —
ceux-ci coûtent à eux seuls annuellement 50 millions de
francs. Ce sont ces soldats qui consomment en première
ligne les marchandises importées — dont 200 millions
proviennent de la métropole ainsi qu'on l'a vu ci-dessus
— puis viennent les autres fonctionnaires, les agents et les
concessionnaires. On introduit en Algérie des machines
et des rails, mais grâce uniquement aux garanties fournies
par la France. La navigation elle aussi n'est-elle pas entre-
tenue uniquement par des subventions ?

Le capital placé en Algérie ne rapporte encore aucun
intérêt. Le pays coûte annuellement beaucoup plus qu'il

ne produit. Et avec tout cela c'est la meilleure de toutes les possessions françaises.

Il faut plaindre les Français pour les erreurs dont ils sont dupes.

Ah! si l'Algérie était au pouvoir des Allemands! Il y aurait alors des chances de la féconder par un large courant d'émigration. Mais — voilà que nous nous exposons déjà de nouveau aux attaques de la presse française, qui s'est donné déjà une fois le plaisir de nous traiter d'espion, alors que de retour d'Algérie nous avons eu l'audace de nous exprimer dans un article objectif sur l'administration de ce pays. Pareilles à un feu roulant ces attaques contre l'espion prussien parcoururent d'abord la presse française pour trouver ensuite un écho dans les journaux algériens.

Nous sommes fort curieux de savoir ce que les Français vont faire maintenant de Tunis, puis du Tonkin, de Madagascar et d'autres récentes « acquisitions ». Parlons d'abord de Tunis.

Ce pays fut jadis le grenier de Rome, mais a été depuis ruiné complètement par une mauvaise administration séculaire et doit maintenant prospérer à nouveau en sa qualité de colonie française réunie depuis peu à l'Algérie. Bien que cinq fois moins étendue que l'Algérie, la Tunisie a presque tout autant de sol propre à la culture et mérite par conséquent toute l'attention de l'Europe. Jadis, sous la domination romaine, le pays nourrit environ 25 millions d'habitants. Où l'on trouve aujourd'hui des plaines stériles, se trouvaient des forêts, lesquelles d'ailleurs ont diminué dans une mesure telle, que des contrées que l'anglais Bruce a trouvées boisées il y a cent ans ne possèdent, à l'heure qu'il est, plus un seul arbre. Le littoral tunisien passait, dans l'antiquité, pour une des contrées les plus fertiles de la terre. D'après Pline on obtenait d'un boisseau de blé un produit de 150 boisseaux, et des indigènes affirment encore maintenant que des pieds d'orge à 300 tiges n'ont rien de surprenant. Mais la question est de savoir si le pays recouvrera jamais son antique splendeur. Les Français seront les derniers à la lui rendre. Sans doute la Tunisie est toujours un territoire fertile, riche en tous genres de produits, mais la population actuelle, incapable de tout travail sérieux, ne retire pas le dixième de ce que le sol fournissait jadis, puisqu'elle ne s'adonne, en tant qu'elle est sédentaire, qu'à quelque peu d'horticulture, ne s'occupant à part cela que de l'élevage des bestiaux et du *dolce far niente*, et s'en rapportant à la nature pour subvenir aux nécessités de l'existence. Si la Tunisie veut prospérer, il lui faut des bras actifs, et nous n'avons vu que par trop clairement que ce n'est pas la France qui peut lui en fournir.

La Tunisie n'est pas davantage le pays où la race française montre des tendances à l'extension. Sur 10 Européens qui s'y sont établis, il y a 8 Italiens et seulement 2 Français. Le commerce entre la France et la Tunisie est minime. L'importation de France se monte à 14 millions de francs. — Les 15 000 soldats qui y stationnent coûtent à eux seuls annuellement 15 millions. Et le reste ! Ce que la France a fait pour l'Algérie et la Tunisie est fort beau, mais où donc est le profit dont on faisait si grand bruit.

Dans les autres colonies, le tableau est encore plus sombre, par exemple en Sénégambie, où les Français n'ont jamais pu prospérer. Déjà du temps de Colbert, le grand réorganisateur de la France, on fit toute espèce d'efforts pour faire prospérer le commerce sur la côte de la Sénégambie. Il n'y eut pas moins de huit compagnies privilégiées qui y tentèrent la fortune de 1664 à

1791. C'étaient : 1° la *Compagnie des Indes occidentales*, qui dura de 1664 à 1672 ; 2° la *Compagnie d'Afrique*, qui fit banqueroute en 1681 ; 3° la *Compagnie du Sénégal*, liquidée en 1694 ; 4° la *Compagnie de Paris*, liquidée en 1709 ; 5° la *Compagnie de Rouen*, qui vendit en 1719 son privilège à 6° la *Compagnie de l'Occident ou des Indes*, (qui fait banqueroute en 1785) ; 7° la *Compagnie de la Guyane*, laquelle, fondée en 1784, ne fit pas même usage de son privilège, mais le vendit à 8° la *Compagnie de la Somme*, plus tard *Compagnie du Sénégal*, supprimée en 1791. Et tout cela en vain !

De nos jours, il en est de même. Le Sénégal importe de France pour 8 à 9 millions de denrées par an ; d'après le budget ordinaire, ses dépenses s'élèvent à 3 610 000 francs, abstraction faite du service pénitentiaire, de la solde et du coût de transport pour la garnison et les fonctionnaires, de la subvention aux Messageries maritimes, etc. La Compagnie du chemin de fer de Dakar à Saint-Louis reçut 4 600 000 francs d'avance ; le Haut-Sénégal reçut 3 110 000 francs. Le budget est, à tout prendre, de beaucoup supérieur au commerce total de la colonie avec la métropole. C'est là le profit tant vanté des colonies ! On ne peut que rire lorsqu'on lit les idées fantaisistes des « patriotes » et des fauteurs de la « politique coloniale ». Même de grands journaux français, des hommes éclairés et ayant beaucoup voyagé, ne sont que par trop portés à s'écarter de la réalité et à se lancer dans des utopies irréalisables. Et l'on voit à quel résultat les Français aboutissent avec leurs plans.

Les Français sont au Sénégal depuis des siècles déjà. Néanmoins le nombre des blancs n'y est pas même de 3 000. Leur mortalité est de 7 pour 100 et pour les médecins de 18 pour 100. La population noire, elle aussi, diminue. En 1872 elle était de 210 883 âmes, en 1882, on n'en comptait plus que 189 564.

Le commerce n'a pour ainsi dire pas augmenté du tout et les frais se sont accrus. Les recettes de chemins de fer, subventionnés au moyen de millions, s'élèvent à quelques mille francs. Est-ce là aussi un progrès?

Nous pourrions au fond faire complètement abstraction des possessions moins importantes, car il n'y a aucune utilité à dépenser beaucoup de paroles pour montrer, par exemple, que la Guyane, Sinnamary, Cayenne ne peuvent devenir prospères. Les seuls noms de telles contrées inspirent la terreur.

La Martinique compte 166 000 habitants. La population de couleur seule augmente, a dit le docteur Nielly, la population blanche diminue. Une seule épidémie de fièvre jaune suffirait pour remettre en question l'existence même de la race blanche. L'individu acclimaté est le nègre et non le blanc.

La Guadeloupe présente un aspect encore plus effrayant. Le chiffre de la population y est monté de 136 000 en 1873 à 159 715 en 1882, mais grâce à l'immigration et non aux naissances, car pour l'ensemble de la population, sans distinction de races, on a constaté un excédent des décès sur les naissances. La moyenne en a été, pour les cinq années 1878-1882, de 758.

La Réunion avait en 1872 une population de 193 000 âmes. Elle se compose principalement de métis. En 1882, elle était descendue à 170 518, ce qui fait une diminution de 23 000. La moyenne annuelle de l'excédent des décès sur les naissances a été de 1774.

Sainte-Marie de Madagascar compte cent et quelques blancs et est, d'après Carpeau de Saussey, le cimetière des Français. Nossi-Bé, qui avoisine Madagascar, a 40 Européens, et en 40 années, 39 médecins y remplirent les fonctions de chef du service de santé.

Nous ne parlons pas de la Guinée et du Gabon. — Le Sénégal lui-même peut être considéré comme salubre si on le compare à ces deux contrées. Mais passons à la Cochinchine et au Tonkin !

La Cochinchine compte une population de 2 000 blancs (dont 1 860 Français), 1 483 000 indigènes et un peu plus de 64 000 Asiatiques étrangers. On a enregistré pour la colonie europénne de Saïgon, en 1880, 7 mariages, 46 naissances et 102 décès. Le docteur Mazet dit que l'Européen ne peut pas résister au climat tonkinois plus de deux ans. Les Français ont dù éprouver amèrement, ces dernières années, la vérité de cette assertion.

D'ailleurs la question du Tonkin est assez intéressante pour que nous lui consacrions ici un court exposé. Elle rentre même dans le cadre de ce chapitre. On pourra nous dire qu'on a écrit assez sur la conduite des Français dans l'Extrême-Orient. Cela est vrai. Mais on a jeté très peu de lumière sur l'ensemble de la question, et ceux qui en ont parlé n'y comprenaient le plus souvent rien eux-mêmes, ou bien ils appartenaient à cette presse servile qui répand, avec la plus superbe insolence, mensonges sur mensonges tout en se vantant de répandre la lumière, et en injuriant grossièrement tous ceux qui ont encore quelque amour de la vérité.

Ce qui a surtout poussé les Français dans leurs expéditions en Indo-Chine, c'est la jalousie que leur inspirait l'Angleterre. Le but déclaré de la politique française était d'arracher à sa rivale le monopole du commerce avec la Chine, et là où les moyens légitimes ne suffisaient pas on eut recours à des actes de violence. La politique des jésuites a déjà servie de modèle à mainte nation ; entre autres à nos voisins d'outre-Rhin.

Il s'agissait donc avant tout de combattre le puissant rival, et les officiers français qui commirent dans ce but des actes de violence au Tonkin, obtinrent non seulement le pardon, mais la protection de leur gouvernement. Ceci n'est pas fait pour nous étonner, car la haine des Français contre les Anglais est très ancienne, et déjà dans le premier traité que Louis XVI conclut avec le roi détrôné d'Annam il est dit « le plus sur moyen de combattre les Anglais dans l'Inde, est la destruction ou du moins l'affaiblissement de leur commerce ». Et c'est dans cette intention que l'on secourut alors le souverain d'Annam, car l'on se proposait de s'établir dans son pays, d'entrer par là en relations avec cette Chine si précieuse pour les Anglais, et d'empêcher en cas de guerre tout commerce anglais avec les Indes et l'Asie orientale. De fait en implorant la protection des Français, le roi d'Annam ne fit qu'introduire le loup dans la bergerie, car dès que les « nouveaux amis » eurent suffisamment reconnu la valeur du pays, ils s'en annexèrent un morceau après l'autre. Le traité de 1862 fut imposé au roi Tu-Duc sous la double pression d'une invasion française dans le sud, et d'un soulèvement des habitants des provinces septentrionales. Cette convention sépara de l'Annam une province méridionale et les meilleurs ports du royaume.

Quelques mois plus tard on reconnut qu'il existait des champs plus fertiles encore que le territoire annexé, et l'on occupa sans façon la Cochinchine et le Cambodge, en créant par là une colonie d'environ 3000 milles carrés d'étendue.

L'appétit vient en mangeant — et de fait peu d'années s'écoulèrent avant que l'on convoitât le Nord. C'est là, disait-on, qu'on trouverait de vraies richesses, tandis que les provinces méridionales de l'empire annamite n'avaient qu'une importance secondaire. Cependant de graves difficultés s'opposaient à l'annexion complète du pays, car l'Annam, qui jusqu'au commencement du quinzième siècle avait fait partie intégrante de l'empire chinois, reconnaissait toujours la suzeraineté de la Chine, à laquelle il payait un tribut, ses princes recevant d'ailleurs l'investiture des mains du souverain chinois. Le gouvernement chinois qui avait déjà protesté contre l'annexion violente de la Cochinchine, regardée par lui comme la partie méridionale de l'Annam, voulait encore bien moins permettre aux Français de pénétrer dans les provinces centrales ou dans l'Annam proprement dit et leur suscita toutes sortes d'embarras. De fait le roi régnait d'une façon incontestée, jusqu'en 1883, sur les 12 provinces qui forment l'Annam proprement dit. Au mois d'août de l'année sus-indiquée son indépendance fut mise en question par le bombardement et l'occupation de Hué, et la République française s'arrogea le protectorat du royaume entier en vertu d'un paragraphe d'un traité antérieur, obtenu lui aussi, il va sans dire, par des actes de violence.

La conduite des Français vis-à-vis de la Chine et de l'Annam est telle qu'on préférerait vraiment la traiter en aussi peu de mots que possible. Aussi passerons-nous sous silence les inconvenances dont l'ambassadeur chinois à Paris eut à se plaindre, et nous renonçons de même à examiner en détail de longs documents ; qu'on nous permette seulement une courte parenthèse qui caractérise à merveille la conduite des Français.

L'année 1881 était près de finir et l'on se préparait en vue d'une guerre dans l'Extrême-Orient. Les rapports entre le marquis Tseng et le quai d'Orsay étaient extrêmement tendus. M. Gambetta qui venait de recevoir une copie du traité de 1874 exprima à ce propos l'opinion que le Tsong-li-Yamen avait simplement parlé de l'Annam comme ayant été « autrefois un pays tributaire de la Chine », et qu'il avait virtuellement reconnu le protectorat français sur ce pays. Cette assertion fut émise avec une hardiesse qui fut à peine mitigée par les documents. Le marquis Tseng ne dissimula pas ses doutes au sujet d'une pareille affirmation, et déclara que pas plus dans le texte chinois que dans la traduction française l'on ne trouvait le mot *autrefois*, et que le vrai sens du passage était : *l'Annam a été depuis longtemps et est encore un pays tributaire de la Chine.* Et il ajouta que le prince Kong, bien loin d'accepter le traité dans son entier, avait fait plus d'une réserve.

Dans la traduction de l'important document que le prince Kong avait adressé le 15 juin 1875 au chargé d'affaires de France en Chine, le comte de Rochechouart, l'on avait tout simplement omis les mots *depuis longtemps* et *est encore*, en dénaturant ainsi les prétentions de la Chine. Que doit-on dire d'une pareille diplomatie ? Était-ce l'effet du hasard ou bien le traducteur ne faisait-il que suivre les instructions qu'il avait reçues ? Il est permis de pencher vers la seconde hypothèse. Nous aurions dans ce cas un beau spécimen de la civilisation que la France veut imposer aux Tonkinois et aux Chinois.

Mais revenons à nos moutons.

En occupant Hué, on avait voulu inaugurer le commerce sur le fleuve Rouge, mais on alla plus loin et l'on projeta l'occupation de tout le Tonkin, soit des 13 provinces septentrionales de l'Annam. Ce pays d'une étendue de plus de 4 000 milles carrés séduisait par son entourage. A l'ouest il était bordé par des districts siamois et birmans, au nord par les provinces chinoises du Yunnan et de Kuangeli et à l'est par la mer. Quant au fleuve Rouge, c'est une artère importante qui pourvoit d'eau toutes les provinces tonkinoises et qui conduit en Chine, de sorte que les Français pouvaient espérer d'exploiter, grâce à lui, les provinces méridionales du Céleste Empire et de faire passer le commerce chinois de l'Angleterre au Tonkin, nouvelle possession française « acquise » également depuis 1883. Ce fut là, dès le début, le dessein de la France. Il n'y a pas loin par eau de la riche province chinoise de Yunnan à la mer, et si cette voie était ouverte au commerce, la « civilisation » pourrait pénétrer dans des provinces où elle est encore inconnue. Mais il est permis de se demander s'il sera facile pour la France d'entrer en relations avec des contrées auxquelles elle a, par ses violences, causé un si grave préjudice ? Croit-on se réconcilier avec la Chine, à laquelle on a enlevé un pays tributaire, en ruinant complètement son commerce avec ce dernier et en lui faisant concurrence sur son propre territoire ? C'est à quoi la Chine ne consentira jamais, et elle témoigne d'ailleurs, à l'heure actuelle, du désir de se débarrasser à tout prix de l'influence française. Il s'en faut d'ailleurs encore de beaucoup que les Français sachent à quoi s'en tenir au sujet du Tonkin même. Depuis des années ils ont ravagé le pays, au lieu de le faire prospérer, et les séditions continuent à régner dans les possessions étendues dont ils se croient les « maîtres. » Depuis plus de dix ans, il se trouve des garnisons françaises dans les forts du fleuve Rouge, mais il serait impossible de garantir la vie de l'Européen assez téméraire pour s'éloigner de la portée de leurs balles.

Nous passons sous silence la cruauté des vainqueurs. Beaucoup de gens nomment les turcos de l'amiral Courbet, qui massacraient tout ce qui se trouvait sur leur chemin, l'avant-garde de la civilisation que la France veut importer au Tonkin. Dans tous les cas, l'histoire de l'annexion du Tonkin égale pour le moins en actes de sauvagerie celle de l'Algérie. Jetons un voile là-dessus.

Quel profit les Français tirent-ils, au fond, de leurs conquêtes dans l'Indo-Chine ? Il est permis de se le demander vis-à-vis des sacrifices considérables qu'elles ont exigés. Au point de vue commercial, les Français n'ont pas beaucoup à espérer, car outre que le pays est pour ainsi dire ruiné, grâce aux guerres et aux révoltes continuelles, le commerce tonkinois et annamite est entre les mains des Chinois, des Anglais et des Allemands, tandis que le commerce français équivaut à zéro. Nous allons le démontrer par des exemples. En 1874, le gouvernement français conclut avec le gouvernement annamite, à Saïgon, un soi-disant traité politique et commercial. Dix-huit mois après ce traité, *aucun* navire français n'avait encore paru sur le fleuve Rouge. 11 navires anglais de 3 525 tonneaux, 6 navires allemands de 1 852 tonneaux et 100 navires chinois de 2 483 tonneaux, furent les seuls à profiter de cette nouvelle voie qui conduit dans la Chine occidentale et qui, selon l'opinion des Français exaltés, devait entraîner une révolution dans le commerce de l'Orient. Depuis, aucune amélioration ne s'est encore fait sentir au profit de la France — à la vérité, elle a envoyé assez de vaisseaux dans ces parages lointains, mais ils étaient là-bas pour faire la guerre et non pour développer le commerce. Il n'est pas toujours exact que de nouvelles colonies ouvrent au commerce de nouveaux débouchés. Le commerce se règle bien plutôt sur le renom dont jouit la nation, sur son importance comme grande puissance, sur le développement de sa flotte et sur sa gloire militaire. Or le bruit du déclin de la France s'est répandu partout et se fait sentir même daus ces contrées éloignées de plusieurs milliers de lieues de la « mère patrie ». D'autre part, la considération de l'Allemagne s'est accrue, grâce à ses succès militaires et au puissant développement de son industrie, et les Anglais conservent toujours leur ancien renom d'expérience et de solidité sur le marché de l'univers, de sorte qu'on ne peut s'étonner que ces deux peuples obtiennent plus par la paix que les Français par leurs actes de violence. Ces derniers voient, dans chaque nouvelle acquisition de territoire, un nouveau marché pour leurs produits. « Eh bien », dit M. Thureau, en parlant du recul du commerce français, « notre commerce trouvera, dans l'extrème Orient, au Tonkin, les plus beaux débouchés qu'il puisse rèver. Non seulement cette contrée, habitée par 12 millions d'individus, recevra nos produits, mais elle nous enverra en retour ses richesses de tout genre. Ce n'est pas tout : cette contrée est traversée par un cours d'eau navigable, le fleuve Rouge, lequel met en relation directe avec la mer les plus belles provinces de la Chine méridionale et surtout celle de Yunnan, qui possède les plus riches mines de la terre. L'ouverture de cette voie de communication, qui met 50 millions d'individus en relation avec le commerce international, est attendue avec impatience par toutes les nations civilisées. Bientòt la France proclamera la liberté du commerce et de la navigation dans cette belle et riche contrée. »

Le brave homme, et le gouvernement avec lui, seront trompés dans leurs espérances. Si l'on proclame la liberté du commerce, les Chinois et les Anglais seront les premiers à en profiter. Nos voisins peuvent ètre inquiets de voir que mème les navires allemands abordent à Haïphong et à Saïgon en plus grand nombre que les navires français, ils peuvent ètre étonnés de ce que le chargement des navires anglais abordant dans les ports indiqués est de

60 pour 100, tandis que celui de leurs propres navires n'est que de 4 pour 100. On a expédié ces dernières années dans ces contrées pour quelques millions de denrées françaises, mais elles étaient destinées pour les trois quarts aux employés et aux soldats et ont été, par conséquent, payées avec l'argent de l'État. L'affaire du Tonkin a inutilement englouti plusieurs centaines de millions et coûté la vie à bien des milliers d'hommes. La pacification et l'entretien de la nouvelle colonie exigeront des sacrifices que la France actuelle n'est plus en état de faire. M. Le Myre de Vilers, ex-gouverneur de la Cochinchine, déclare que l'empire de l'Indo-Chine : Cochinchine, Annam et Tonkin, dont on parle tant, coûtera aux Français la somme de 5 milliards. Et les Français qui y sont établis pensent eux-mêmes que le commerce restera entre les mains des Chinois.

Le seul profit que la France retirera peut-être du Tonkin, sont les mines de houille que possède le pays et qui pourraient alimenter la flotte française dans le cas où — en temps de guerre par exemple — les marchés dont elle a profité jusqu'à présent, surtout les marchés anglais, viendraient à lui être interdits. Mais aura-t-elle jamais l'occasion d'user de cet avantage?

Bornons-nous à ce qui précède en ce qui concerne les possessions de l'Indo-Chine. C'est déjà trop peut être — mais nous nous consolons par la pensée que nous n'avons fourni que des données intéressantes.

Nous perdrons moins de paroles au sujet de Madagascar, et nous pouvons le faire. En 1642, les Français prirent possession de cette île et dès cette époque ils y ont rattaché les plus vastes espérances. Elles ne se sont pas réalisées. M. Jules Ferry parla des débouchés que Madagascar pourrait ouvrir aux Français. Cependant leur exportation annuelle n'y a pas dépassé, même dans les années favorables, la somme de 600 000 fr. Il y a eu des années où elle n'était que de moitié. La question malgache, qui a coûté beaucoup de sang et de peines, et pour laquelle les Français ont sacrifié quelques millions, a disparu actuellement de l'horizon politique. L'avenir nous dira si c'est pour toujours. Le 15 janvier de l'année présente a été conclue la paix d'après laquelle le ministre-résident à Antananarive se trouve être l'intermédiaire officiel entre la reine des Hovas et les puissances étrangères ; cette paix accorde aux Français le droit de conclure librement des baux, d'occuper la baie de Diego-Suarez, de prélever une indemnité de guerre de 10 millions et d'occuper Tamatave aussi longtemps que toutes les stipulations du traité n'auront pas été exécutées. La France s'engage de son côté à ne pas s'occuper de l'administration intérieure de Madagascar.

Nous félicitons les Français des résultats obtenus !

Pour résumer ce qui fait le sujet de ce chapitre, nous devons dire que la politique coloniale des derniers dix ans n'a pas porté bonheur à la France. Que lui a rapporté son déploiement de forces maritimes? Elle cherchait la gloire et de grands trésors et n'a trouvé—que la ruine intérieure.

Les expéditions du Tonkin et de Madagascar ont englouti des sommes énormes. Et les exigences ne sont pas près de cesser. Les crédits supplémentaires — le plus souvent dus uniquement à la politique coloniale — ont non seulement englouti régulièrement les excédents de recettes réalisés jusqu'en 1881, mais encore suspendu l'amortissement de la dette publique de 31 milliards, et ont atteint de 1877 à 1882, le total respectable d'environ 1 1/5 de milliards (1 194 100 000 fr.).

CHAPITRE TROISIÈME

Le commerce et l'industrie de la France déclinent rapidement depuis la grande guerre. Le pays a perdu précisément son prestige. Son ancienne énergie, d'ailleurs, est complètement morte. L'agriculture ne souffre pas moins, soit à cause d'une politique funeste, soit sous l'empire de lois naturelles. La statistique nous montre combien les deux premiers éléments diminuent. Depuis 1882, l'exportation des produits industriels décroît constamment. Alors qu'elle se montait cette année-là encore à 1 853 millions, elle est tombée actuellement déjà à 1 500 millions, malgré les colonies que possède la France et malgré toutes les contrées qu'elle a à sa disposition et où elle compte s'ouvrir des débouchés. D'autre part l'importation croît sans cesse et atteint à l'heure actuelle, en fait de produits industriels, la valeur de 800 millions contre 470 millions en 1877. Voilà de sombres présages de la décadence de la France.

Le « Warehouseman and Drapers Trade Journal », journal anglais bien informé, s'exprime de la façon suivante dans un article intitulé « la fabrication française comparée à la fabrication allemande » : « Tous ceux qui ont suivi le mouvement du commerce des draps pendant les cinq ou six dernières années, n'ont pu s'empêcher de remarquer un fait fort curieux, c'est que *la France a perdu la faculté de créer originalement*, et qu'en lieu et place de ce trait qui la caractérisait jadis, elle s'est approprié la qualité plus rémunératrice *de s'emparer des idées des autres.* »

Le *Génie civil*, journal français très estimé, publie les lignes suivantes dues à un ancien professeur et directeur-adjoint d'une école industrielle de Mulhouse :

« La période des dures épreuves qui se sont imposées depuis plusieurs années à toute l'industrie et au commerce de la France, a éprouvé d'une façon terrible notre indus-trie textile autrefois si florissante. Actuellement, l'Alle-magne a, dans cette industrie qui a fait dans l'espace de dix ans des progrès surprenants, atteint en quelque sorte une position remarquable, ce que nous ne devrons jamais perdre de vue. Le débit en France même a diminué en ce qui concerne les tissus pour les vêtements et les cachemires ; car bien que la mode actuelle ait son départ ici, Roubaix et Reims ne peuvent que difficilement lutter avec Glauchau, Meerane, Gera et Greiz. Les étoffes fabri-quées à Roubaix, et les draps de Sedan et d'Elbœuf, sont pour certains genres presque surpassés par les articles sortant des fabriques de Berlin, d'Aix-la-Chapelle, etc., lesquels sont, à la vérité, moins bons, mais aussi d'autant moins chers. Berlin est le maître de la situation pour le monde entier pour toutes les branches de la confection ».

Le journal des consulats allemands, qui se distingue par des correspondances remarquables et des jugements impar-tiaux, a reçu de son correspondant parisien, M. J. van Leyk, touchant le recul de la mode française, un article dont nous extrayons ce qui suit :

« Non seulement les industriels français ont perdu la plus grande partie de leurs débouchés en Allemagne, non seulement il leur est né dans les autres pays étrangers une concurrence qui réduit leur exportation dans une mesure de plus en plus inquiétante, c'est dans leur propre pays qu'on leur fait une concurrence victorieuse, et l'importation des produits étrangers, engage avec leur propre production une lutte des plus sensibles, même pour les industries de luxe, qu'ils avaient jusqu'ici regardées comme une sorte de monopole, ce qu'ils étaient en droit de faire, grâce à leur incontestable suprématie universelle. Ils voient leur échapper d'un coup le fruit d'une activité plusieurs fois séculaire. Les industries que l'ancienne monarchie avait fondées dans le pays au prix de sacrifices considérables pour l'époque, en faisant venir de l'étranger des patrons et des ouvriers, en les comblant de cadeaux et de privilèges de tout genre et en accordant même des pensions à leurs familles et à leurs descendants, en élevant des manufactures et des fabriques et en les développant et favorisant avec soin, les soieries de Lyon et de Tours, les dentelles du Puy et des provinces du Nord, mais avant tout les nombreuses industries parisiennes, depuis la fabrication des fleurs artificielles, des chapeaux de dames, des plumes de chapeaux, des vêtements d'hommes et de dames, la lingerie, jusqu'aux *articles de Paris*, la bijouterie, l'ébénisterie, etc., succombent à la concurrence, sont débordés par les voisins et par les — ennemis. »

Nous nous bornons à ces quelques citations.

Les rapports des chambres syndicales françaises sont fort instructifs. Celui de Marseille surtout mérite de fixer l'attention, puisqu'il a trait au commerce méditerranéen français et qu'il montre combien celui-ci a souffert dans les dernières années, Nous avons sous les yeux le compte rendu de l'année 1884. D'après ce document les navires qui ont abordé à Marseille en 1884 pouvaient contenir 7 369 487 tonneaux et en avaient à bord 3 884 069. Ces chiffres montrent pour le seul port de Marseille un recul, vis-à-vis de l'année précédente, de respectivement 1 279 879 et 690 769 tonneaux.

Cette diminution est de 545 357 tonneaux pour l'importation et de 145 412 tonneaux pour l'exportation. Les transports par chemins de fer de Marseille pour l'intérieur du pays témoignent d'une diminution de 135 000 tonneaux, et ceux de l'intérieur du pays à Marseille d'une diminution de 65 642 tonneaux. Le commerce de Marseille avec les côtes occidentale et orientale de l'Afrique, ainsi qu'avec le Cap et Madagascar, a baissé rapidement. En 1878 il est venu de ces contrées à Marseille 187 vaisseaux à voile de 78 216 tonneaux ; en 1880, il en vint 273 de 123 344 tonneaux, et en 1884, 132 avec seulement 58 391 tonneaux. Voilà, certes, un mouvement de recul considérable et qui n'est pas compensé par le mouvement des bateaux à vapeur. Le nombre de ces derniers a été en 1883 pour le port indiqué, tant en départs qu'en arrivées, de 6 897 de 6 120 924 tonneaux, tandis qu'en 1884, il n'était plus que de 5 631 de 5 326 229 tonneaux.

Qu'on observe au contraire le développement de Hambourg et de Brême ! Ces dernières avancent, tandis que Marseille recule.

Les Français se rendent d'ailleurs parfaitement compte de nos progrès, en particulier de ceux de notre industrie. Et tandis qu'auparavant ils faisaient peu de cas de la concurrence de nos industriels, ils attribuent maintenant le mauvais état des affaires à la supériorité et au bon marché de leurs produits. Sans doute bien des gens encore nous traitent d'imitateurs et d'exploiteurs des inventions étrangères. Mais il ne manque pas non plus d'esprits équitables qui rendent justice aux Allemands. Il arrive souvent à l'heure actuelle d'entendre dire à des négociants français intelligents que pour tel ou tel article l'Allemagne l'emporte aujourd'hui sur la France.

Maintenant enfin on s'est soustrait au charme de la mode française, qui trop longtemps a servi à nos voisins de moyen de propagande en faveur de leurs industries. Les temps ne **sont** plus où les *fournisseurs* de la Babylone de la Seine dominaient sans rivaux et empochaient d'innombrables millions pour leurs objets de toilette que le monde civilisé tout entier admirait et payait fort chèrement.

Aujourd'hui Berlin a pris la place qui lui revient.

En fait d'articles de mode proprement dits, d'objets de toilette, la France exportait en 1881 encore pour 45 millions, tandis qu'elle n'en exportait plus en 1882 que pour 38.5 millions et en 1883 pour 36.2 millions. Ainsi donc une diminution de 19 pour 100 en deux ans !

En 1881 la France exportait pour 94.8 millions de confections et de lingerie, en 1883 pour 64.7 millions seulement. Ce qui fait en deux ans un recul de 30.1 millions, soit de 32 pour 100. Pour la bijouterie, la perte est encore plus sensible. L'exportation pour les cuirs était en 1875 de 173 314 000 francs, en 1883, elle n'était plus que de 132 596 000 francs. Diminution en huit ans de près de 40 millions, soit 23 pour 100. L'exportation d'*articles de Paris* qui variait pour 1875-79 entre 5.8 et 10 millions, et avait même atteint en 1880 la somme de 10 520 000 francs, tomba en 1881 à 2 444 000 francs et en 1883 même à 723 000 francs. *Diminution depuis* 1880 = 93 pour 100. Nous pourrions continuer, mais nous nous bornons à ces exemples.

Si le commerce et l'industrie de la France vont mal, l'agriculture, elle, ne se trouve pas dans une situation plus enviable. *Si le vin va, tout va*, disent les Français.

Il va sans doute — mais au diable. Le phylloxera et le mauvais temps ont fait beaucoup de mal aux récoltes des dernières années. Dans le rapport annuel de la Commission supérieure du phylloxera, on lit qu'avant l'apparition de ce fléau en France 2 503 000 hectares étaient occupés par la vigne, tandis qu'actuellement cette **surface** n'est plus que de 1 990 586 hectares. D'entre ces derniers 642 000 sont infectés et 600 000 en grand danger de l'être. La production du sucre de betteraves ne rapporte aucun bénéfice — et les autres produits de l'agriculture sont également mal payés. On tente de leur venir en aide au moyen des droits protecteurs.

La situation économique de la petite propriété rurale est fort triste en France. Si d'un côté la concurrence de l'Amérique et de l'Australie menace son existence, d'autre part le manque d'argent contribue à hâter sa ruine en la livrant aux usuriers. Un gouvernement intelligent et bienveillant pourrait faire beaucoup pour elle, mais c'est en vain qu'on cherchera le salut dans son rétablissement et dans sa conservation. Le destin inflexible continue tranquillement sa route, et la lutte pour l'existence fait succomber le faible, tandis que le fort s'empare du pouvoir. Qui voudrait s'y opposer ? Mais le vrai progrès ouvre chaque jour de nouveaux sentiers à ceux qui ont dû abandonner les vieilles ornières. Que cette idée les console.

Nous pourrions parler de cela plus en détail, mais ce serait dépasser le but que nous nous sommes proposé, et nous passons outre.

La France est par son climat, son sol et sa situation un pays si riche qu'un gouvernement habile et puissant ne devrait pas avoir de peine à procurer à tous ses habitants un travail suffisant et rémunérateur. Mais la France actuelle paraît être incapable de réaliser les réformes nécessaires pour cela.

CHAPITRE QUATRIÈME

Disons quelques mots de l'armée. Différents journaux allemands — à leur tète la *Gazette de Cologne* et la *Gazette de l'Allemagne du Nord* — s'occupent depuis quelque temps de la résurrection du chauvinisme en France. Dans les dix ans qui suivirent immédiatement la guerre, le souvenir de la défaite était encore trop récent, la reconstitution de l'armée était encore trop incomplète, pour qu'on eût osé donné libre essor aux sentiments qu'inspirait l'Allemagne. On tenait un langage modéré, mais le désir de la vengeance couvait sous la cendre. Aujourd'hui il éclate à nouveau. Les insuccès de la politique coloniale ont fort aigri le peuple. On en rendit les Allemands responsables. Le commerce et l'industrie vont mal, — c'est la faute de l'Allemagne. Et la presse française continue ainsi sans trêve ni repos à exciter toujours davantage la foule contre le *vieil ennemi*.

Tous ceux qui connaissent la France actuelle reconnaîtront la vérité de ce qui précède. En ce moment l'idée qu'une guerre avec l'Allemagne serait une diversion utile du mécontentement national gagne toujours plus de terrain chez nos voisins d'outre-Rhin. Quelle erreur cependant ! N'avons-nous pas montré assez clairement que la France aurait toute raison d'user de ses ressources en vue de sa propre amélioration, au lieu de s'abîmer complètement dans une lutte avec l'étranger ! O folle étourderie, folle manie des grandeurs !

Il y a quelques semaines seulement parut à Paris un

livre sous le titre : « Avant la bataille, » avec une préface chauvine de M. Déroulède. L'auteur qui ne se nomme pas est, dit-on, officier supérieur dans l'armée territoriale. Son étude a pour but de démontrer que la France n'a plus rien à craindre au sujet de sa force militaire, et qu'elle est très à même d'accepter la lutte avec les Allemands. Cette démonstration est impossible à donner ! Si l'armée française est forte par le nombre, et si l'on a dépassé en armements de beaucoup la limite usuelle, il ne faut pas non plus oublier que l'armée en France, surtout à l'heure actuelle, est l'image fidèle de la nation, avec ses bonnes et ses mauvaises qualités. Ce qui précède montre ce que cela signifie. Par sa qualité l'armée française est infiniment inférieure à l'armée allemande.

La question est assez importante pour mériter un examen quelque peu détaillé. Laïques et profanes s'occupent en France de la situation de l'armée. On voit se produire des idées qui séduisent le vulgaire tout en arrachant le rire aux gens du métier. Où sont ces soldats vantés qui trouvent un charme à leur rude existence ? Où les trouve-t-on actuellement en France ? Où sont ceux qui ne rêvent que guerres au Tonkin, en Algérie et ailleurs ? Tous ils n'y pensent qu'avec terreur. Tous les citoyens enrégimentés ne sont pas non plus enthousiastes d'une guerre de revanche avec l'Allemagne. Nous avons pu nous en convaincre sur place il n'y a pas trop longtemps en parlant à de vieux et de jeunes soldats. Parmi ces derniers il y avait sans doute plus d'un fanatique, mais les vieux étaient raisonnables. Et les plus raisonnables de tous étaient ceux qui avaient combattu dans les colonies, et ceux qui avaient porté les armes contre nous en 1870 et 1871.

Les gens qui attisent le feu contre l'Allemagne sont pour la plupart étrangers à l'armée, des gens sans expérience et sans jugement. Inutile de dire qu'à part ces gens-là les officiers français eux aussi épousent avec enthousiasme l'idée d'une guerre de revauche. Mais ils ne savent pas où ils mènent leur patrie avec leur fausse ambition.

« *Nous sommes semblables aux Prussiens de* 1807, *c'est-à-dire toujours au lendemain de nos désastres,* » a dit le colonel Derrécagais dans son ouvrage sur la guerre moderne — et les Français s'imaginent qu'ils réussiront comme les Prussiens d'alors à réparer leurs fautes.

Le dernier recensement a prouvé que l'Allemagne compte près de 10 millions d'habitants de plus que la France. Ceci est à noter au point de vue militaire, car il en résulte que la nation allemande possède un plus grand nombre d'hommes que la France capables de porter les armes. Tandis que dans l'empire allemand le nombre annuel des jeunes gens soumis par leur âge au service militaire est en moyenne de 420 000, le contingent total des Français n'en comprend que 300 à 310 000. En écartant toutes les personnes débiles et douteuses — en un mot inutiles — il reste annuellement toujours 165 000 jeunes allemands à incorporer dans l'armée de terre, y compris environ 5 000 volontaires d'un an. En France l'on à grand peine à lever 150,000 hommes, et ces derniers sont loin d'être tous parfaits puisque, bon an mal an, il faut en licencier 7 à 8 000 pour des motifs de santé.

Un autre avantage encore est propre aux Allemands. Ceux-ci sont de 17 à 42 ans — donc un quart de siècle — à la disposition du ministre de la guerre, les Français ne sont soumis éventuellement au service militaire que pendant 20 ans, soit de 20 à 40 ans. S'il survenait des événements qui rendissent nécessaire le déploiement de toutes les forces militaires, l'Allemagne disposerait de 25 contingents, tandis que la France n'en pourrait lever que 20 d'une force numérique beaucoup moindre.

L'auteur d'une brochure publiée l'année passée à Paris, « *l'Armée et la France de* 1885 » , évalue la masse des 25 contingents allemands, déduction faite des pertes probables, à 5 674 000 — n'y a-t-il pas une faute d'impression dans l'original allemand et l'auteur n'a-t-il pas voulu dire : 2 674 000? (Note du traducteur) — individus, auxquels la France ne pourrait opposer avec toutes ses réserves et y compris le second ban de l'armée territoriale que 2 403 600 hommes.

L'auteur cité, officier français supérieur , estime à 2 655,000 le nombre des soldats allemands qui ont reçu une instruction militaire, dont 85 000 ont servi pendant un an. Il reste donc 2 570 000 hommes, dont une faible partie seulement n'a servi que deux ans, les autres ayant tous fait un service de trois ans. En France la proportion de ceux qui n'ont passé qu'une année sous les drapeaux est de 18 p. 0/0. Sur les 2 403 600 hommes indiqués plus haut on compte environ 200 000 soldats d'un an. Par suite il reste environ 2 210 000 militaires ayant reçu une instruction complète. Cela fait au profit de l'Allemagne une différence de 360 000 soit près de 12 corps d'armée.

Si braves qu'on suppose les Français dans le cas où ils auraient à reconquérir la gloire de leur nation, ils n'en auraient pas moins à compter avec le susdit facteur. D'ailleurs ils le cèdent aux nôtres non seulement en nombre, mais aussi en qualité. D'abord il se présente chez nous en général des éléments plus vigoureux, et puis l'on se montre plus sévère dans le choix des recrues. En Allemagne on écarte en moyenne 23 p. 0/0 du contingent total comme entièrement impropre au service — en France seulement 11-12 p. 0/0, d'où il résulte que dans ce dernier pays l'armée est encombrée d'hommes faibles. C'est

ce que reconnaissent même des militaires français perspi-
caces.

Nous professons une estime pleine et entière pour le
courage de nos voisins, dont ils ont d'ailleurs souvent fait
preuve en 1870 et 1871. Qui ne se rappelle leur fermeté
à Gravelotte vis-à-vis d'une force numérique de beaucoup supérieure, leur résistance héroïque à Saint-Privat
ou 50,000 Français combattaient contre 120,000 Allemands! Les coups que la mauvaise fortune leur avait
portés ne leur avait pas encore ôté leur bravoure et leur
énergie.

Mais la guerre devait fatalement avoir une issue mal-
heureuse pour nos voisins, car ils n'étaient pas préparés et
nous avions pour nous non seulement la force, mais
encore le droit, et par là un enthousiasme national gran-
diose.

Aux Tuileries, on croyait pouvoir être prêt pour la
guerre au bout de huit jours. Quelle folie! Les Prussiens
eux-mêmes, avec leur organisation excellente, qui leur
permettait un passage rapide de l'état de paix à l'état de
guerre, ont eu besoin de vingt-cinq jours pour être prêts
à en venir aux mains. La France, avec un budget mal
doté, avec un matériel de guerre insuffisant, en partie
ruiné par l'expédition du Mexique, avec des régiments
d'infanterie dont l'effectif était de 1 200 hommes, n'aurait
pu être prête au bout de trois mois. La France com-
mença la guerre et perdit. Aujourd'hui il en est pis encore.
Ce pays a depuis lors baissé sensiblement, ainsi que notre
étude l'a montré surabondamment. Il a perdu en force
morale aussi bien qu'en vigueur physique, et ses finances
touchent à la ruine. Quant à nous autres Allemands, nous
sommes devenus grands et puissants et jouissons d'un
progrès continu. Cependant des sots d'outre-Rhin parlent

d'une guerre de revanche, absolument comme s'ils vou-
laient à toute force la ruine de leur nation. Les soldats
français d'aujourd'hui ne sont plus belliqueux ; — ils se
recrutent dans les bas-fonds de la population et se trouvent
pris dans le mouvement anarchiste, qui les rend absolument étrangers aux questions nationales. Les événements
de Décazeville et d'ailleurs ont montré l'esprit dont l'armée française est actuellement animée. Les soldats fra-
ternisent avec les révoltés, font des collectes pour eux,
chantent des chansons révolutionnaires et déclament
contre les lois et l'ordre public. Ce n'est pas un des moin-
dres avantages de l'armée allemande que celui d'être
exempte d'un pareil esprit et de compter côte à côte dans
ses rangs, pour servir aux intérêts de l'État, les professions
les plus diverses : des savants et des marchands, de grands
industriels et des paysans, des artisans et des ouvriers.
Tant qu'il en sera ainsi, et qu'une vraie discipline en
même temps qu'un patriotisme véritable règneront au sein
de notre armée, nous n'aurons rien à craindre.

Il y a un an, parut une étude politique intéressante,
due à la plume du baron de Riemer, sur Louis XVI
et la Révolution, une utopie qui nous montre comment
la France aurait pu devenir le berceau des réformes politiques, si ce monarque avait été énergique, perspicace et
décidé.

La France n'a pas rempli son rôle en Europe, au contraire elle menace actuellement de devenir le berceau d'un
bouleversement. Mais nous espérons en bons patriotes qu'il
nous réussira d'écarter le danger de l'Allemagne et qu'un
monarque allemand résoudra la question sociale et en
même temps la tâche que M. de Riemer, dans son tableau
remarquable, confie à un prince français.

Le salut de l'Europe et du monde civilisé en général ne

doit plus être cherché en France, mais en Allemagne, et les Français agissent follement lorsqu'ils pensent reconquérir leur antique splendeur au moyen d'une guerre inconsidérée. Par là ils ne font que nuire à leurs propres intérêts, en provoquant une guerre qui les écrasera.

Les peuples passent, d'autres surgissent, c'est la marche constante de l'histoire.

POSTFACE DU TRADUCTEUR

Nous offrons ici au public la traduction d'un livre ou plutôt d'un pamphlet allemand, dont la publication récente a fait tout à la fois plus et moins de bruit qu'on n'était en droit de s'y attendre. Plus de bruit, si l'on songe uniquement aux idées qui y étaient émises, dépourvues pour la plupart de toute originalité, et qui, d'ailleurs, sont présentées dans ce style lourd et à prétentions scientifiques dont nos voisins sont par trop coutumiers. Ce pamphlet, en revanche, a fait trop peu de bruit peut-être lorsqu'on songe à l'inspiration qui l'a dicté et qui dénote un état d'esprit assez curieux chez nos gracieux voisins d'outre-Rhin. Il est singulier, en effet, de voir la peine inouïe qu'ils se donnent pour nous rendre périodi-quement attentifs à la ruine qui nous menace ! A l'ordi-naire, lorsqu'un homme marche à une perte certaine et imminente, qu'il possède tous les défauts et tous les vices sans avoir plus une seule qualité — on veut bien recon-naître que nous en avons eu jadis quelques-unes, — on peut le mépriser ou le plaindre (souvent ces deux senti-ments se confondent), il est bien rare qu'on le haïsse, et jamais on ne l'envie. Et pourtant c'est bien la haine, par-fois même l'envie, qui perce à chaque page du présent opuscule sous les dehors de sérénité et de dédain dont

l'auteur cherche à s'affubler et qui, d'ailleurs, lui vont
assez mal. Le ton même de l'écrit est à noter et nous
avons tenu à lui conserver, autant que possible, la morgue
et la pédanterie qui le distinguent dans l'original, bien
que, dans l'espèce, il n'eût pu que gagner à acquérir un
peu de cette légèreté française si décriée par l'auteur.

Notre intention n'est pas de revenir ici sur tous les
points touchés par le pamphlétaire. C'est d'un bout à
l'autre un réquisitoire aussi violent dans le fond qu'absurde par sa forme, et qu'il serait fort aisé de retourner
contre l'auteur lui-même. Nous nous bornons pour le moment à quelques observations toutes générales.

A tout seigneur tout honneur. L'auteur s'appesantit quelque part sur le prétendu réveil du chauvinisme en France.
En Allemagne, le chauvinisme ne peut pas se réveiller, pour
la bonne raison qu'il n'a jamais cessé d'y être en honneur.
Tous ceux qui ont habité quelque temps l'Allemagne peuvent en faire foi. Malheureusement (pour l'appréciation
exacte du véritable état de choses), les Français qui y
séjournent sont en nombre infime, se tiennent en général
trop à l'écart de la population indigène, et ignorent ou
méprisent trop les attaques auxquelles leur patrie est en
butte pour être tentés de leur donner du retentissement.
Les Allemands, de leur côté, inondent la France et s'in-
sinuent autant que possible dans les familles et dans les
sociétés de tout genre, pour y noter les faits les plus insi-
gnifiants au même titre que les véritables scandales, et
pour s'empresser de les répandre par la voie de la presse
ou de brochures sur toute la surface de l'empire allemand.
Le chauvinisme français et la placidité allemande se rédui-
sent ainsi à une simple illusion d'optique. Pour citer un
exemple, nous avons pu constater nous-même en Allemagne, qu'on y fait chanter *aux élèves des écoles publiques*

des chants où les Français sont traités ni plus ni moins
que de canailles, de coquins, etc. Nous doutons fort que
les Allemands puissent nous reprocher un pareil manque
de procédés à leur égard.

L'on parle beaucoup en Allemagne de publications telles
que l'*Anti-Prussien*. Mais tout le monde en France sait que
ce journal (dont le directeur, nous le voulons bien, obéit
aux seules préoccupations d'un ardent patriotisme), aurait
depuis longtemps cessé de paraître sans la clientèle allemande, qui l'achète et le lit pour s'en faire une arme contre
la France. Il serait plus intéressant et plus scientifique,
pour parler avec les Allemands, de comparer en fait de
chauvinisme les journaux sérieux des deux nations. L'on
serait bien forcé de reconnaître que les grands journaux
français parlent peu de l'Allemagne ou le font le plus souvent avec une sérénité de langage parfaite, tandis que des
journaux allemands aussi influents que la *Gazette de Cologne* et la *Gazette de Voss*, pour ne citer que deux
exemples connus, publient bien peu de numéros où la
France ne soit pas malmenée dans une colonne quelconque.

Il en est de même pour ce qui touche l'immoralité que
nous reproche l'auteur. L'on sait que depuis longtemps
c'est devenu un vrai cliché de l'autre côté du Rhin d'opposer la vertu germanique à l'immoralité française. Un peu
par notre faute il est vrai : car dès qu'un fait regrettable,
comme il s'en passe malheureusement partout, se produit
en France, tous nos journaux s'empressent d'en entretenir
leurs lecteurs, au risque de fournir par là à nos charitables
voisins des occasions sans nombre de nous prêcher la vertu
et de se poser en modèles ; la police allemande d'autre part
qui autorise le récit de tous les scandales parisiens, se
montre en revanche prise régulièrement d'un touchante
pudeur lorsque la presse tente quelque timide révélation

touchant la société allemande. Cependant nous ne sachions pas qu'on ait jamais dans une faculté française créé de chaire uniquement destinée à caser un *honorable* professeur alors qu'il avait été condamné à plusieurs mois de prison pour attentats à la pudeur, ainsi qu'on l'a vu faire tout récemment à Berlin : il est vrai que cet honnète personnage n'était rien moins que le médecin attitré du prince de Bismarck ! L'Allemagne est d'ailleurs si bien avec le ciel que les accommodements avec lui doivent y être particulièrement aisés !

M. Paul cherche entre autres à prouver à grand renfort de statistique, ce qui n'est malheureusement que trop facile, que la population de la France comparée à celle des autres nations a constamment baissé depuis le règne de Louis XIV. Seulement qui veut trop prouver ne prouve rien, dit le proverbe. L'auteur en établissant ses parallèles n'a tenu aucun compte pour le dix-septième siècle des États de l'Italie et de la Russie, qui ne jouaient en effet alors aucun rôle appréciable dans la politique internationale, tandis qu'il les fait entrer en ligne de compte en ce qui concerne l'époque actuelle. Il se garde bien d'ajouter que, si l'importance relative de la France a été diminuée par l'entrée dans le concert européen de l'Italie et surtout de la Russie, l'Allemagne elle aussi a vu par ce fait son influence décroître, sinon peut-être dans les mêmes proportions, du moins aussi dans une assez large mesure.

Si l'auteur était Français, et que nous fussions professeur allemand, nous pourrions lui citer maint autre passage où il fait preuve de *Unwissenschaftlichkeit* (manque d'esprit scientifique). Mais il n'a pas le malheur d'être Français pas plus que n'avons le suprème bonheur d'être Allemand, et nous sommes bien obligés de passer outre. Car chacun le sait, si tout Allemand a le droit et même le devoir de procla-

mer à tout venant « la légèreté française », par contre un
Français, par suite même de cette légèreté inhérente à sa
race, n'a pas qualité pour démontrer à un Allemand qu'il
se trompe. Il est vrai que nos voisins se chargent à l'occasion de se le démontrer mutuellement, et dans quel langage, grands dieux !

Nous avons hâte d'en finir avec la brochure de M. Paul.
Qu'on nous permette seulement une dernière reflexion.
Lorsque l'auteur déplore l'absence d'idées élevées dans la
politique française il serait grotesque s'il n'était simplement
odieux. Sans doute l'Allemagne n'a été inspirée que par
l'esprit le plus idéal et le plus charitable en arrachant les
habitants de l'Alsace-Lorraine à une nation destinée à
périr incessamment. Mais l'auteur s'est-il demandé ce que
pensaient de la politique idéale du chancelier et les Danois
dont on garde une province au mépris de promesses for-
melles, et les Polonais qu'on expulse de leurs foyers
comme on ne le ferait pas pour de vulgaires malfaiteurs,
et les nègres de Cameroon, et le sultan de Zanzibar, et les
légitimes possesseurs des Carolines, et tant d'autres qu'il
serait facile d'ajouter à la liste de ceux qui ont éprouvé les
bienfaits de la *politique idéale* de l'Allemagne ?

Paris. — Imp. E. Capiomont et V. Renault, rue des Poitevins, 6.